AF250375

CHARLES DE BOURGUEVILLE,

SIEUR DE BRAS,

HISTORIEN NORMAND DE LA FIN DU XVIe SIÈCLE,

PAR M. CAUVET,

VICE-PRÉSIDENT DE L'ACADÉMIE DES SCIENCES ET BELLES-LETTRES DE CAEN.

Un des avantages de ces assises de la Sorbonne, qui ont pris si vite une place importante dans les mœurs littéraires contemporaines, c'est assurément de mettre en lumière, en dehors des limites de leur province natale, quelques figures imposantes des temps passés, trop peu connues jusqu'ici de la France entière. Parmi ces figures se rencontre, à notre avis, dans un degré éminent, l'historien normand du xvie siècle dont nous voudrions faire connaître et apprécier le principal ouvrage.

Charles de Bourgueville, que l'on a toujours appelé, en Normandie, du nom de *M. de Bras,* qu'il tenait d'un fief possédé par lui, naquit à Caen en 1504. Il mourut dans la même ville en 1593. Dans sa jeunesse, il avait parcouru les diverses parties de la France, tantôt pour compléter ses études de jurisprudence, tantôt pour suivre la cour, selon la coutume de la noblesse de ce temps. Dans son âge mûr, il exerça plusieurs fonctions importantes dans la magistrature, celle notamment de lieutenant général du bailliage et siége présidial de Caen. Enfin, parvenu à la vieillesse, il résigna sa charge, en 1573, pour s'adonner tout entier à l'étude. Ce fut alors qu'il composa ses ouvrages, semblable, comme il le dit dans la préface du principal d'entre eux, « au vieil Caton romain, lequel, ainsi que Cicéron réfère en son livre *De vieillesse,* estant âgé de quatre-vingt-quatre ans, composait le livre *De l'origine et antiquitez des villes d'Italie* [1]. »

---

[1] *Les recherches et antiquitez de la province de Neustrie,* p. 7.

Négligeant à dessein quelques livres de religion et de philosophie publiés par M. de Bras et tout à fait oubliés aujourd'hui, nous nous proposons d'examiner : *Les recherches et antiquitez de la province de Neustrie, et aussi de la ville et université de Caen,* ouvrage demeuré célèbre dans le territoire entier de l'ancienne Normandie.

Ce livre, formant un volume in-quarto de 500 pages, parut à Caen en 1588. Composé dans l'extrême vieillesse de l'auteur, il se distingue tout d'abord par une sorte de grâce sénile, mêlée de naïveté et de retours fréquents vers un passé regretté. Les mots et le tour des phrases sont archaïques et semblent quelque peu en retard sur la date de la publication de l'ouvrage. La manière de composer du vénérable auteur présente le même caractère. Il ne part pas, il est vrai, de la création du monde, comme le faisaient si souvent les historiens du moyen âge. Il se contente, en commençant la description de la Normandie, de rappeler « cette grande alluvion et inondation advenue par l'autorité de Dieu tout-puissant, par suite de laquelle les enfans de ce grand patriarche Noé, Sem, Cham et Japhet, partirent entre eux la terre qu'ils estimoient universelle en trois, à sçavoir : l'Asie, l'Afrique et l'Europe [1]. »

Ce début, qui semblait annoncer une chronique détaillée de la Normandie, ne tient pas tout à fait ses promesses. L'ouvrage de M. de Bras se compose de quatre parties ou discours séparés. Le premier concerne la Normandie en général; le deuxième, la ville de Caen ; le troisième contient le récit des principaux événements accomplis durant la vie de l'auteur; le quatrième enfin est « un assez ample discours des universitez et gymnasies en général, et de l'université de Caen en particulier. »

Désirant mettre en lumière la physionomie sympathique et curieuse du vieil historien, nous examinerons son génie sous les aspects divers qu'il nous a paru présenter, sans nous assujettir à l'ordre méthodique des sujets traités par lui. Nos appréciations seront naturellement corroborées par des citations assez nombreuses.

---

[1] *Les recherches et antiquite: de la province de Neustrie,* p. 1.

I

Et d'abord le génie de M. de Bras est essentiellement patriotique et français. Sans doute, il aime la Normandie et la ville de Caen d'un amour filial, mais cette affection ardente, il la porte principalement à la France entière. De là la sollicitude toute moderne qu'il montre contamment pour la sécurité, pour la gloire, pour l'agrandissement de notre patrie. Voici des passages de son livre que l'on dirait écrits d'hier, dans lesquels il réclame les frontières naturelles de la France, telles que semblaient les avoir faites la configuration du sol qu'elle occupe et aussi les antiques limites tracées, du temps des Romains, entre les Gaules et la Germanie. « Mesme que les Allemans jouissent de Coulogne, Tresve, Maïence, Basle, Wormes, Spire et autres grosses villes deçà le Rhin et pays circomvoisins, il ne s'ensuyt pas qu'elles ne soyent des Gaules [1]. »

Pour les provinces belges, il se résignerait, ce semble, à ce qu'elles ne fussent pas placées sous la souveraineté directe des rois de France, pourvu qu'elles continuassent à relever de ces monarques, à titre de grand fief détaché de leur couronne. Il maudit sous ce point de vue, le traité de Madrid, « par lequel le grand roy François, estant détenu en Espagne, l'an 1526, quitta la souveraineté de Flandres, l'une des douze pairies annexes à la couronne de France, ce qu'il ne pouvoit faire, ni la désunir de la couronne, au préjudice de ses successeurs [2]. »

Ce dévouement si vif à la splendeur de la grande patrie française fait qu'il se dégage aisément des idées provinciales étroites, fort en honneur de son temps. Il préfère l'appellation de *Neustrie* à celle de *Normandie*, par cela que cette dernière lui paraît rappeler inutilement la conquête scandinave de la fin du ix° siècle et la longue séparation qu'elle avait amenée à sa suite.

« Je veux asseurer, dit-il, que nous autres de cette duché de Neustrie ou Normandie sommes naïvement Gaulois et François de tous temps, encore que le pays ait esté usurpé, premièrement

---

[1] *Les recherches et antiquitez de la province de Neustrie*, p. 4. L'auteur développe de nouveau cette idée à la page 134.

[2] *Les recherches et antiquitez de la province de Neustrie*, p. 10.

par un surnommé Hastenc et ses pirates, grands corsaires du pays de Danemark ; comme depuis par ce grand chef et capitaine Rou, du mesme pays, en l'an 901. Cela ne peut toutefois faire que la Neustrie, de présent Normandie, n'ait esté et ne soit toujours françoise [1]. »

Avec cette tendance d'esprit, il est facile de comprendre la joie de notre auteur, lorsqu'il raconte l'expulsion définitive des Anglais de la Normandie, en l'an 1450, et aussi la prise de Calais, par le duc de Guise, accomplie sous ses yeux ; « qui a esté, dit-il, l'une des plus belles, heureuses et remarquables prises qui se fussent pu faire, pour expulser et du tout bannir cette nation anglesche hors de France, d'autant que Calais leur estoit un port et havre, par lequel ils avoient entrée en France, sans contredit [2]. »

II

Le génie de notre historien est descriptif et poétique. Un certain nombre de vers français de sa composition ont trouvé place dans son livre. Quelques-unes de ces poésies ne manquent pas d'originalité. Je me contenterai de citer l'épitaphe de son père, avocat du roi au bailliage de Caen :

> Si en plaidant, un advocat fameux
> Faict son devoir, honneur et bruit remporte,
> Gaigne des biens pour enfans et nepveux ;
> Bienheureux est l'homme de telle sorte.
> Mais l'advocat du roy qui bien exhorte
> Juge et conceux à justice exercer
> Sans exiger, ni aucun offenser,
> Ainsi qu'a faict l'advocat Bourgueville,
> Christ advocat, pour vers Dieu l'addresser,
> Il trouvera en la céleste ville [3].

Mais c'est principalement dans la prose imagée, dont il fait un usage fréquent, que ce caractère poétique nous paraît sensible. Nous en donnerons pour exemple les descriptions pompeuses qu'il

[1] *Les recherches et antiquitez de la province de Neustrie*, p. 5.
[2] *L s recherches et antiquitez de la ville de Caen*, p. 76.
[3] *Ibid.*, p. 127.

nous présente de la ville de Caen, sa patrie. Les rues sont pour la plupart, à ses yeux, « bellissimes et magnifiques, fournies de hauts et superbes bastimens, où résident les officiers, gens de justice et riches bourgeois, comme y sont les bonnes et grosses hostelleries, et aussy plusieurs sortes d'artisans et rares marchandises. »

Les murailles de la ville sont « si hautes et larges, que trois hommes de front y peuvent aisément marcher, et que l'on y va aussy fréquemment que par les rues. Et ne peut-on faire le tour par-dessus ces murailles en moins qu'environ une heure. Toutefois l'on ne se peut ennuyer en cheminant, pour le plaisir qu'on y a de voir ces amples et délectables prairies, flotter et arriver les basteaux chargés de marchandises, et entendre des pilotes et compagnons matelots quelles denrées et marchandises ils apportent, de quels pays, et des nouvelles des provinces dont ils viennent [1]. »

Voici une description plus enthousiaste encore des délassements des habitants de Caen par une belle soirée de printemps. Le vénérable auteur, on serait tenté de le penser, songeait, en écrivant les lignes qui vont suivre, au chœur célèbre et magnifique de l'*Œdipe à Colone* de Sophocle : ce souvenir, du moins, s'est présenté à notre pensée, bien que nous n'osions comparer les prairies verdoyantes et plantureuses mais quelque peu prosaïques des environs de Caen aux poétiques collines de l'Attique, enveloppées d'une lumière radieuse.

« Au jour des festes, après le souper, s'y assemblent les grandes compaignies, tant de seigneurs, officiers, dames, damoiselles et bourgeoises, qui s'y pourmènent par troupes, pour y avoir leur plaisir et récréation, et voir les passe-temps qui s'y font. Mais encore le plus grand plaisir qui se treuve en telles assemblées, c'est qu'en ce beau printemps vernal, l'on y oït e chant mélodieux des rossignols, qui fleuretissent, fredonnent et dégoisent dedans ceste cercle et jardins prochains. Lesquels rossignols s'animent davantage en l'armonie des cornets, fleustes, violons, quiternes, mandores, chants de musique et tambourins, qu'ils y oyent, par intervalle, sur la rivière, dedans aucunes petites barques et gondoles

---

[1] *Les recherches et antiquitez de la ville de Caen*, p. 18.

qui y flottent pour le plaisir des jeunes hommes, qui jettent des fusées en l'air, ainsi que la nuict approche, et feux artificiels, pour donner récréation plus grande à cette multitude de sieurs, officiers, dames, damoiselles et du peuple qui se pourmènent en ces prairies, chaussées et ponts [1]. »

III

Un caractère prononcé de religion et de moralité signale le génie de M. de Bras. Catholique zélé, il aime à reproduire toutes les traditions pieuses qui se rattachent à l'histoire de Normandie. La légende de l'établissement du privilége de Saint-Romain, à Rouen, celle relative à la fondation de l'abbaye du Mont-Saint-Michel, près d'Avranches, trouvent successivement place dans ses récits. Il décrit également, avec bonheur, l'apparition miraculeuse advenue à l'abbé Helsin, au temps de Guillaume le Conquérant, en l'an 1074, laquelle, « révélée au roy, le persuada à faire festiver et solenniser, par chacun an, la feste de la conception de Notre-Dame, le huitième jour de décembre. Ceste feste a esté appelée par toute la chrestienté *la feste aux Normands;* et, aux universitez, les escoliers en font solennité, comme aussi, à Rouen et à Caen, il y a Puy de Pallinots érigés, dont nous parlerons ci-après [2]. »

Ces *puis de Pallinots,* durant près de trois siècles, constituèrent des luttes annuelles de poésie latine et française, singulièrement goûtées de nos aïeux. D'assez bonne heure, les pièces de vers présentées à ce concours pouvaient rouler sur des sujets profanes, mais elles devaient se terminer invariablement par quelques strophes en l'honneur de Marie. Tous les poëtes célèbres de la Normandie, depuis Clément Marot jusqu'à Malfilâtre, avaient débuté dans la carrière littéraire par obtenir des couronnes dans ces combats pacifiques.

On peut lire dans notre vieil auteur la description pompeuse des processions multipliées en usage à Caen avant les guerres de religion. Il déplore avec amertume que, depuis 1562, date de la

---

[1] *Les recherches et antiquitez de la ville de Caen,* p. 8.

[2] *Les recherches et antiquitez de la province de Neustrie,* p. 37.

victoire temporaire des protestants en Normandie, « la dévotion du peuple a esté si remise et contemnée, que l'on n'apperçoit plus que bien peu de cette ancienne piété. J'ay veu, continue-t-il, que la dévotion des habitans estoit si grande et fervente que, la nuict d'entre jeudy et vendredy sainct, ils alloient presque tous par les temples adorer Notre-Seigneur, et faisoyent leurs aumosnes à une multitude de pauvres. Aucuns hommes et femmes y alloient nu-pieds [1]. »

Les idées morales et religieuses de notre historien lui font éprouver un embarras visible, lorsqu'il raconte l'accession au duché de Normandie du grand-duc Guillaume, malgré sa naissance illégitime. « La chronique de Normandie nous faict entendre, dit-il, que le duc Robert, son père, estoit un homme de bien, craignant Dieu, et que depuis qu'il eut cogneu cette fille Arlette, et que de luy et d'elle estoit sorty ce bel enfant Guillaume, il n'eut aucun vouloir de se marier; et luy print un grand désir de pérégriner et voyager en la Terre saincte, pour estaindre et effacer ceste offense du ravissement de ceste fille. Et à son retour, ledict duc mourut empoisonné à Nicée. Ce qui induict une présumption véhémente, voire une vérité, que le duc Robert, après son voyage, désiroit et se promettoit prendre Arlette pour son espouse, et légitimer Guillaume, son fils. »

IV

Le goût prononcé de M. de Bras pour la poésie, l'antiquité, l'érudition sacrée et profane, lui fait adopter, sans discernement, les légendes historiques qui lui semblent propres à grandir les objets qu'il décrit. Charlemagne est incontestablement, à ses yeux, le fondateur de l'université de Paris, de même qu'il a créé les douze pairies de France, parmi lesquelles le duché de Neustrie, appelé depuis Normandie, figurait dès l'année 770.

C'est à la science, disons plutôt à la manie des étymologies, fort en honneur au xvie siècle, que notre auteur emprunte ses conjectures historiques les plus hardies. Caen et Bayeux ont été bâties

[1] *Les recherches et antiquitez de la ville de Caen*, p. 66.

l'une et l'autre par les soldats de Jules César, au retour de l'ex-
pédition de la Grande-Bretagne. Le nom latin de la première de
ces villes, *Cadomus,* ne peut signifier que la demeure de Caius
Julius Cæsar, *Caii domus.* La désignation latine des habitants de
la seconde, *Bajocassi, Belloquassi,* fournit une démonstration plus
curieuse encore. « César, dit-il, au retour de sa conqueste de la
Grande-Bretaigne, fist à Caen un long séjour, pour se y rafrechir
ès son camp, comme en sa maison délectable, pour l'aménité et
plaisante situation de son contour; après avoir passé par Bayeux,
où sa gendarmerie se trouva si lasse et travaillée, que ledit César
leur imposa ce nom de *Belloquassi* ou *Bellocassati,* comme estant
luy et sa gendarmerie fort las, et comme cassez aux armes[1]. »

Voici encore une étymologie singulière, qui ne nous a pas sem-
blé indigne d'attention. Il paraît qu'au xvie siècle, les Normands,
tournés parfois en dérision par les Parisiens, les appelaient du nom
de *Maillotins,* appellation injurieuse qui devait se rattacher à une
émeute des plus graves, advenue à Paris au temps de Charles VI,
et dans laquelle on avait vu les gens de métier assommer les
agents du fisc à coups de maillets de plomb. Pour M. de Bras, la
chose est bien moins simple. « Nous avons appelé autresfois les
Parisiens *Maillotins,* dit-il, à cause que leurs anciens prédéces-
seurs, voulant détourner le cours du fleuve de Seine de devant
Rouen, ils en furent empeschez et repoussez à coups de maillets et
de besches dont ils fouissoient, pensant parvenir à leur dessein et
rendre la ville de Rouen privée du grand trafic et commerce qui
s'y faict par ledict fleuve, envieux de ce qu'ils n'ont rien de ce
qui vient par la mer audict Paris, que ceux de Rouen n'en soyent
fournis[2]. »

V

De ce manque absolu de critique, que l'on est souvent en droit
de reprocher à M. de Bras, il ne faudrait pas conclure que la science
historique, sous ses aspects divers, ne trouve rien dans son livre

---

[1] *Les recherches et antiquitez de la ville de Caen,* p. 4.
[2] *Les recherches et antiquitez de la province de Neustrie,* p. 13.

qu'elle puisse s'approprier. Le goût de l'auteur pour le merveilleux s'arrête immédiatement lorsqu'il s'agit d'événements contemporains. Ses récits, alors, empreints d'une bonne foi évidente, disons-le même, d'une raison élevée, méritent une confiance entière.

Tel est certainement le tableau lamentable qu'il nous présente des guerres de religion en Normandie, avec leurs cruautés et leurs excès. Le zèle qui l'anime pour la foi ancienne nuit rarement à son impartialité, qu'il désire toujours conserver entière, témoin cette réflexion par laquelle il termine le récit des dévastations accomplies par les calvinistes en l'année 1562 : « J'escript ces discours avec quelque véhémence. Mais la vérité de ce que j'en réfère et ma propre conscience m'y emeust, et croy que peu de personnes bons chrestiens voudroyent soutenir que tels actes cy-dessus référez fussent justes[1]. »

Outre les événements historiques proprement dits, l'ouvrage que nous examinons fournit d'ailleurs des renseignements précieux sur une foule de points se rattachant à l'état des esprits, aux mœurs et coutumes en vigueur au XVIe siècle. C'est ainsi que nous y rencontrons de fréquents témoignages de la perturbation économique profonde opérée, à cette époque, par l'introduction en Europe d'une masse considérable de métaux précieux importés d'Amérique. Continuellement le vénérable auteur signale, en la déplorant, l'extrême élévation qu'il a vu subir aux prix de toutes les choses nécessaires à la vie. Il ne paraît pas soupçonner que la valeur véritable des objets utiles à l'homme se mesurant essentiellement par l'échange possible de ces objets, cette valeur reste à peu près identique, malgré l'avilissement des espèces d'or et d'argent qui servent à l'évaluer[2].

Le récit détaillé et quelque peu pédantesque des cérémonies accomplies à Caen, lors de l'entrée dans nos murailles des trois rois de France, François Ier, Henri II et Charles IX, nous montre le goût des hommes du XVIe siècle pour les allégories prétentieuses. Les places de la ville et les rues principales sont garnies de théâtres

[1] *Les recherches et antiquitez de la ville de Caen*, p. 276.
[2] *Ibid.*, p. 122 et 337.

sur lesquels des jeunes filles, symbolisant les vertus civiles et guer-
rières, chantent la noble naissance ou les hauts faits du monarque.

Les échevins et gouverneurs de Caen, marchant à la rencontre
de François Ier, en l'an 1532, étaient précédés « d'un chariot triom-
phal, sur lequel estoit le dieu Mars, armé de toutes pièces ; ledit
chariot conduit par six hommes sylvestres. Devant lequel estoyent
les neuf preux magnifiquement en ordre ; trois vestus à la judaïque,
c'est à savoir : Josué, David et Judas Machabeus ; Hector, Alexandre
et Jules César, à la turque ; Artur, Charlemaigne et Godefroy de
Bouillon, à la françoise ; montez sur coursiers, faisant pennades et
sauts si à propos qu'il n'est possible de mieux faire ; et au roy, par
ledict dieu Mars, fuct dict, avec bonne audace, ce qui ensuit :

> Roy très-puissant, Mars suis des Dieux transmis
> Pour t'annoncer qu'au divin consistoire
> Tu es esleu, et par tes vertus mis
> Au rang des preux ; car, en leur haut prétoire,
> Ils ont conclu, d'un vouloir unanime,
> Ton royal nom, ta force magnanime,
> Avoir méri lieu dixième obtenir
> Entre neuf rois, qu'on doit preux maintenir [1].

L'histoire littéraire de son époque trouve aussi, dans le livre de
M. de Bras, des indications dont elle fera son profit. Je citerai pour
exemple une dissertation intéressante sur Dubartas et les poëtes du
même temps qui avaient traité, dans leurs vers, des sujets chré-
tiens [2]. Tels sont aussi un grand nombre de détails contenus dans
la quatrième partie du volume, consacrée principalement à racon-
ter les coutumes en vigueur dans l'université de Caen durant la
jeunesse de l'auteur.

L'ordre des écoles, les mœurs des étudiants, des professeurs eux-
mêmes, paraissent avoir été remplis, en ce temps, d'animation et
d'entrain. De nombreux cortéges, de joyeuses mascarades et mora-
lités accompagnaient, chaque année, la célébration des bonnes
fêtes, souvent même la collation des degrés scolastiques. Aux fêtes
de saint Nicolas et de sainte Catherine, réputés l'un et l'autre pa-

---

[1] *Les recherches et antiquitez de la ville de Caen*, p. 164.

[2] *Ibid.*, p. 312.

trons des écoliers, « aucuns régenz et escoliers jouoient, aux carre-
fours de la ville, des farces et moralitez, dedans des charettes et
sur des chevaux. Le jour des Rois, se faisoient des monstres des
jeunes enfans des meilleures maisons, lesquels accompagnoient
l'un d'eux qui avoit esté roi de la febve, et alloient oyr la messe,
estant bien montez et accoutrez bravement, suivis d'une infinité de
peuple, et chascun de ces roys, pour sa plus grande offrande, por-
toit la febve trouvée au gasteau qui l'avoit élevé en telle dignité. »

Terminons ces citations de notre vieil auteur normand par la
description originale qu'il nous fournit d'une réception de licenciés
en droit. Ce grade, alors comme aujourd'hui, semblait le complé-
ment à peu près nécessaire d'une éducation libérale. Les épreuves
qu'il exigeait étaient accomplies devant la faculté des droits; mais
le degré lui-même était conféré par le représentant de l'évêque de
Bayeux, chancelier perpétuel de l'université de Caen, d'après les
édits des rois et les bulles des papes.

« Délaissant la zone ou ceinture dont ils estoient toujours ceints
estant escoliers, les licenciez, après qu'ils avoient faict répétitions
et lectures, estoyent conduits par les instrumens, tambourins, re-
becs et flustes d'Allemand, des escoles en la cour de l'église, ayant
des chapeaux de fleurs sur leurs bonnets, pour ce qu'ils se faisoyent
communément au moys de may. Et, audict lieu, le sieur vice-chan-
celier leur conféroit le degré, et, après, l'on donnoit des dragées aux
supposts, officiers et gens notables, lesquels y assistoient, comme
l'on feroit à une fiansaille; et, le soir, se faisoient de somptueux
banquets aux escolles, les salles tapissées et ornées [1]. »

Ce style original, cette façon de dire pittoresque et naïve, nous
paraissent offrir aux lecteurs de M. de Bras des tableaux de mœurs
du xvie siècle, taillés dans le vif et comme pris sur le fait. Nous
osons recommander spécialement la méditation de son livre à ceux
de nos auteurs contemporains qui voudraient composer des romans
historiques empruntés à l'époque agitée, mais féconde, dans laquelle a vécu notre historien normand.

[1] *Les recherches et antiquitez de la ville de Caen*, p. 339.

IMPRIMERIE IMPÉRIALE — 1868.